まちごとチャイナ
北京 005

瑠璃廠と旧宣武区
「庶民たち」と北京千年
［モノクロノートブック版］

故宮から南西に位置する旧宣武区は、かつての北京外城の西側にあたり、明代に北京城に組み込まれて市が立つようになった。明清時代、野菜や果物、コオロギ、玉器、てんや狐の毛皮などを扱う商人や手工業者が店を構え、ここで北京庶民による都市文化が育まれた。

古くは周代、燕の都が旧宣武区の地におかれ、また遼金代(10〜13世紀)の都もここにあった。そのため遼代以来の伝統をもつ天寧寺塔、チンギス・ハンの信を得た道教の白雲観、元代、統治者の地位をもっていた回族の暮らす牛街など、多彩な北京を彩る史跡が残っている。

清代に入ると庶民の街として発展は続き、北京に暮らす漢族(内城は満州族が暮らした)や貿易商人にくわえて、中国各地から上京した人々が宣武区の会館に集まっていた。北京有数の活気を見せた大柵欄、文人たちが通った瑠璃廠などは当時の面影を伝え、今でも多くの人でにぎわっている。

Asia City Guide Production
Beijing 005
Liulichang
琉璃厂／liú li chǎng／ルーリーチャン

|まちごとチャイナ｜北京005｜

瑠璃廠と旧宣武区

「庶民たち」と北京千年

「アジア城市（まち）案内」制作委員会
まちごとパブリッシング

**まちごとチャイナ
北京 005
瑠璃廠と旧宣武区**

Contents

瑠璃廠と旧宣武区	007
あふれる庶民の活気	013
大柵欄城市案内	017
八大胡同城市案内	029
瑠璃廠城市案内	035
中国文人のたしなみ	043
宣武門城市案内	047
牛街城市案内	059
牛街清真寺鑑賞案内	067
陶然亭公園城市案内	075
広安門城市案内	083
外城西部城市案内	089
馬連道城市案内	103
宗教から見る北京	109

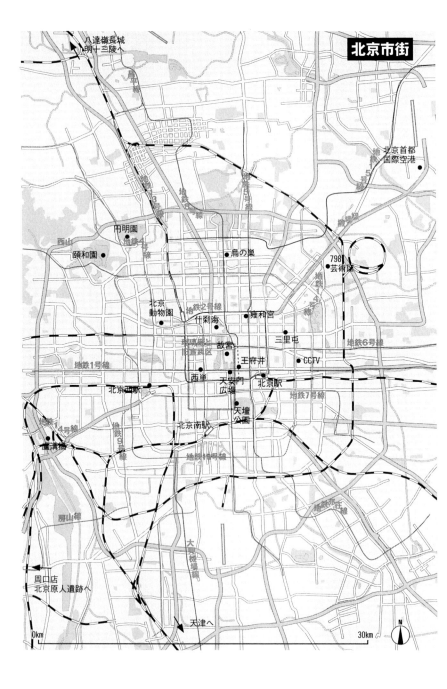

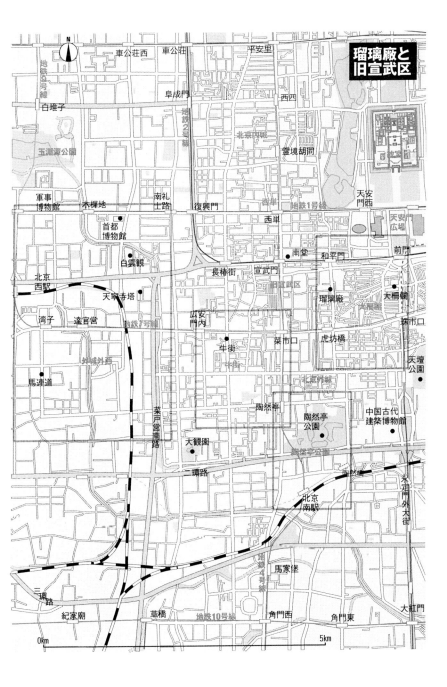

★★★
大柵欄／大栅栏 dà shān lán ダァシャンラン
瑠璃廠／琉璃厂 liú li chǎng ルーリーチャン

★★☆
牛街／牛街 niú jiē ニュウジエ
白雲観／白云观 bái yún guàn バイユングァン
天寧寺塔／天宁寺塔 tiān níng sì tǎ ティエンニンスータァ

★☆☆
宣武門／宣武门 xuān wǔ mén シュアンウーメン
南堂（天主堂）／南堂 nán táng ナンタン
菜市口／菜市口 cài shì kǒu チャイシィコウ
陶然亭公園／陶然亭公园 táo rán tíng gōng yuán タオランティンゴンユェン
中国古代建築博物館／中国古代建筑博物馆 zhōng guó gǔ dài jiàn zhù bó wù guǎn チョングゥオグゥダイジャンチュウボゥウグァン
大観園／大观园 dà guān yuán ダァグァンユェン
首都博物館／首都博物馆 shǒu dū bó wù guǎn ショウドゥボォウガン
馬連道／马连道 mǎ lián dào マアリィアンダオ
北京西駅／北京西站 běi jīng xī zhàn ベイジィンシイチャン

Introduction
あふれる庶民の活気

前門大街から西に広がる旧宣武区
清代、皇族や旗人が住む内城とは違った
庶民による文化が花開き、その雰囲気は今でも残る

息づく都市文化

　清朝時代、故宮を中心とした内城には皇族や満州族の旗人が暮らし、一般の漢族はその南側に位置する外城に住むことが決められていた。その外城のなかで、北京の中央軸を走る前門大街を中心に東側が旧崇文区で西側が旧宣武区となっていた。そこでは北京人に愛されて発展した北京ダックや涮羊肉（羊のしゃぶしゃぶ）などの料理店のほか、人々の信仰を集める寺院や劇場、処刑場、また八大胡同では美しい化粧をした妓女たちの姿も見られたという。

骨董市と文房四宝

　清代、瑠璃廠では廠甸児という市場が開かれ、白雲観や大鐘寺の市とならんで物売りや芸人でにぎわっていた。第6代乾隆帝の時代から書画や骨董を売る古書店がここに店を構えていたが、とくに清朝崩壊後、朝廷に仕えた文人が瑠璃廠に集まるようになった。「文字の国」と言われる中国では、とくに文物に敬意が払われ、文字を書き、それを残す硯、筆、墨、紙は文房四宝と呼ばれて珍重されてきた。これらの文化財は中国が近代化に遅れたことなどから、多くが国外にもち出されるなどして失われた。

「北京のギルド」会館

　北京に上京してきた同郷出身者や同業者が集まるところが会館で、宿泊所を兼ね、そこを中心に情報交換や相互扶助が行なわれた。18世紀の乾隆帝の時代から宣武区に多く建設されるようになり、安徽省、浙江省、広東省、山西省、江西省といった各地方や職業組合ごとに400を超える会館が北京にあったという。会館は価格の統制、製品の標準化を行なうギルド的な性格ももち、集まった人々を楽しませるため劇が演じられていた。宣武門外には山西省出身の関帝をまつった山西省人による会館(紙行会館など)、京劇が生まれた安徽休寧会館(京劇は安徽省の徽劇から北京で発展した)など数多くの会館がおかれていた。

京劇をはじめとする劇は北京庶民に愛されてきた

瑠璃廠に店を構える栄寶斎、清代から続く老舗

白雲観は中国有数の道教寺院

アラビア文字のカリグラフィーが見える、牛街にて

Da Shan Lan
大柵欄城市案内

前門大街から西に走る大柵欄
同仁堂や張一元、六必居などの名店が店を構え
清朝以来の伝統を伝える街並み

大柵欄／大栅栏★★★
dà shān lán
だいさくらん／ダァシャンラン

　前門大街から南西に向かって走る大柵欄は、清朝以来の伝統をもつ通りで、茶店の「張一元」、漢方薬の「同仁堂」、漬け物の「六必居」、時計の「亨得利鐘表店」、布製品の「瑞蚨祥」、布靴の「内聯昇」などの商店、雑貨店などがならぶ。清代、このあたりは廊坊四条と呼ばれ、夜遅くまでにぎわいを見せていたが、18世紀、外城の治安を強化するため、通りの隅々に冊をたて夜間の人々の出入りをとりしまることになった。そのなかでも廊坊四条に建てられた冊が高くて丈夫だったため、大柵欄と呼ばれはじめたという。また京劇や中国映画発祥地でもあり、「三慶園戯曲博物館」や「大観楼映画館」なども見られる。

六必居／六必居★☆☆
liù bì jū
ろくひつきょ／リィウビイジュウ

　北京の老舗漬け物店の六必居は、山西省出身の趙存仁ら三兄弟によって明代の1530年に開業した。人々の食生活に必要な「開門七件事(柴、米、油、塩、醤、醋、茶)」のうち、お茶だけをあつかっていないことから、六必居と名づけられたとい

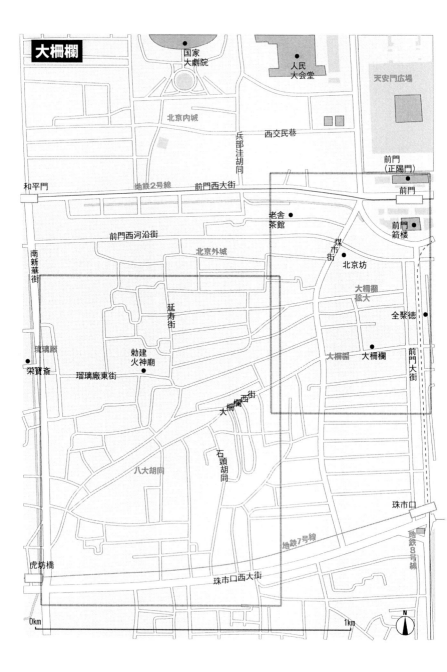

う。当初は酒を出す小さな居酒屋だったが、酒のつまみの漬け物の味が評判となり、やがて漬け物店となった。漬け物には、黄醤という大豆と小麦粉でつくった味噌、甜麺醤が使われ、明朝大学士厳嵩の書いた扁額が見られる。

亨得利鐘表店／亨得利钟表店 ★☆☆
hēng dé lì zhōng biǎo diàn
きょうとくりしょうひょうてん／ハァンダアリイチョンビィアオディエン

　北京の亨得利鐘表店は、1927年に開店した。もともとは浙江省出身の王光祖らが、鎮江に開いた店からはじまり、上海や北京に進出した。豊富な時計をあつかい、輸入した高級時計の販売、時計の修理も行なう。亨得利鐘表店という名前は、「生意亨通、利市百倍（商売繁盛、利益も百倍）」からとられている。

瑞蚨祥／瑞蚨祥 ★☆☆
ruì fú xiáng
ずいふしょう／ルウフウシィアン

　孟子子孫の孟鴻生（済南府章丘県出身）が、1821年に周村で開いた万蚨祥を前身とする瑞蚨祥。1862年に開店した済南店で、シルク、織物、その他の衣服、茶、装飾品などあつかって人気を博していた。1893年、キャラコが大量に中国に入ってくると、8万両の白銀を出資して、北京の大柵欄に店舗を構

※※※
大柵欄／大栅栏 dà shān lán ダァシャンラン
瑠璃廠／琉璃厂 liú lí chǎng ルーリーチャン

★☆☆
八大胡同／八大胡同 bā dà hú tóng バァダァフゥトン
北京坊／北京坊 běi jīng fāng ベイジンファン
老舎茶館／老舍茶馆 lǎo shě chá guǎn ラオシェチャアグゥアン
西交民巷／西交民巷 xī jiāo mín xiàng シイジァオミンシィアン
栄宝斎／荣宝斋 róng bǎo zhāi ロンバァオチャアイ
勅建火神廟／琉璃厂火神庙 liú lí chǎng huǒ shén miào リュウリイチャンフゥオシェンミャオ

えた(北京最大の綢布店となった)。1949年、天安門広場に掲げられた長さ5m、幅3.3mの最初の国旗「五星紅旗」は瑞蚨祥によるもの。

張一元／张一元 ★☆☆
zhāng yī yuán
ちょういちげん／チャンイイユゥエン

　　清朝末期以来の伝統をもち、北京を代表する茶店の張一元。北京生まれ(祖籍は安徽省)の張文卿(1869〜1931年)が開いた店にはじまり、当初は外城東側の花市大街に店舗を構えていた。花市を訪れる客にお茶を出していたところ、評判となり、1910年、大柵欄西口路北に店を遷した。張一元は茶どころ福州郊外に自らの茶場をもち、そこでとれた茶を客にふるまった(やがて店では、劇も見せるようになった)。張一元という名前は、「一元復始、万象更新(1年がはじまり、すべては新しくなる)」からとられている。

三慶園戯曲博物館／三庆园剧场 ★☆☆
sān qìng yuán jù chǎng
さんけいえんぎきょくはくぶつかん／サンチンユゥエンジュウチァアン

　　清朝時代から「広徳楼」「広和楼」「慶楽園」とともに四大

★★★
大柵欄／大栅栏 dà shān lán ダァシャンラン

★☆☆
六必居／六必居 liù bì jū リュウビイジュウ
亨得利鐘表店／亨得利钟表店 hēng de lì zhōng biǎo diàn ホンダァリィヂョンビァオディェン
瑞蚨祥／瑞蚨祥 ruì fú xiáng ルゥフウシィアン
張一元／张一元 zhāng yī yuán チャンイイユゥエン
三慶園戯曲博物館／三庆园剧场 sān qìng yuán jù chǎng サンチンユゥエンジュウチァアン
同仁堂／同仁堂 tóng rén táng トォンレンタァン
内聯昇／内联升 nèi lián shēng ネイリィエンシェン
大観楼映画館／大观楼影城 dà guān lóu yǐng chéng ダアグゥアンロウイィンチェン
北京坊／北京坊 běi jīng fāng ベェイジンファン
老舎茶館／老舍茶馆 lǎo shě chá guǎn ラオシェチャアグゥアン

中国人による最初の映画が上映された大観楼映画館

大柵欄は明清時代からの繁華街

最初の国旗「五星紅旗」を用意した瑞蚨祥

老舗漬け物店の六必居

お茶を買うなら張一元

同仁堂は清代以来の老舗薬店

名園として知られ、京劇発祥の地のひとつでもある三慶園戯曲博物館。乾隆帝の誕生日に劇を演じるために安徽省から上京してきた三慶班に由来し、三慶班の劇は北京中の評判となり、1796年に現在の名前となった(内城に建てるのは風俗の面から敬遠され、外城に建てられた)。清代、戯園子と呼ばれる劇場が前門界隈には多く見られ、大柵欄はその中心地となっていて、人々は茶代を払って演劇を楽しんだ。三慶園は三慶戯院ともいい、現在は200人ほどを収容する劇場をもつほか、博物館として開館している。

安徽省からの劇団と京劇の形成

乾隆帝(在位1735〜95年)の80歳を祝うため、中国各地の劇団が北京入りをした。なかでも安徽省の劇団三慶班の若手女方であった高朗亭が二黄調という節を演じ、その歌、台詞、立ち回りは北京中で絶賛された。そのとき安徽省からやってきた三慶班、四喜班、和春班、春台班を四大徽班と言い、北京を拠点とするようになった(湖北省や安徽省の二黄調、江蘇省の昆曲などがあわさって北京で京劇が大成された)。三慶班は大柵欄を拠点とし、その座頭程長庚(1811〜80年)の一座に譚鑫培がいて、大観楼映画館で譚鑫培の演じる映画『定軍山』が上映された。

同仁堂／同仁堂 ★☆☆
tóng rén táng
どうじんどう／トォンレンタァン

清朝康熙帝時代の1669年、楽顕揚が創業した老舗薬店の同仁堂。牛黄清心丸、安宮牛黄丸、大活絡丹などの薬はじめ、生薬、丸薬、粉薬、膏薬などを扱う。明の永楽帝時代に寧波から北京にやってきた楽氏一族によっておもに運営され、楽梧岡が大柵欄で店を構えた(同仁は『易経』からとられ、「和の気持ちで接し、抱擁力をもつ」を意味する)。清朝時代の1723年に宮廷のお

抱えになり、清朝皇帝に仕えることで、その地位を不動のものとしていった。「どんなに忙しくても手間を省かない。品質の維持のために原料にお金の糸目をつけない」ことを旨とし、自社工場をもち、中国全土に店舗をもつ。

内聯昇／内联升 ★☆☆
nèi lián shēng
ないれんしょう／ネイリィエンシェン

清朝時代の1853年に創業した老舗靴店の内聯昇。趙廷が故宮に近い東交民巷ではじめ、その品質から官吏や宦官に親しまれた。内聯昇の「内」は宮廷、「聯昇」とはこの靴をはけば出世するという意味だという。宮廷御用達の布靴として親しまれ、ラストエンペラー溥儀も内聯昇の龍靴をはいていた。1911年の辛亥革命以後、一般向けの靴も多く生産されるようになった(毛沢東、周恩来にも愛用された)。

大観楼映画館／大观楼影城 ★☆☆
dà guān lóu yǐng chéng
だいかんろうえいがかん／ダアグゥアンロウインチェン

大観楼映画館は、清朝時代、人々が演劇や曲芸を楽しんだ大亨軒茶楼を前身とする。1902年、京劇の名優譚鑫培の演じる映画『定軍山』が撮影され、1905年にここ大観楼映画館で上映された。写真館の中庭で撮影された、中国人の製作した最初の映画だったことから、大観楼映画館は「中国映画誕生の地」とも言われる(中国映画は1896年、上海からはじまった)。そのときの1905年から大観楼映画館という名前になった。

Ba Da Hu Tong
八大胡同城市案内

大柵欄界隈を縦横無尽に走る胡同
これらの細い路地は北京を代表する歓楽街で
8つの通りをあわせて八大胡同と呼ばれていた

八大胡同／八大胡同 ★☆☆
bā dà hú tóng
はちだいふーとん／バァダァフウトン

　瑠璃廠東街の南側、鉄樹斜街の南から西珠市口大街あたりにかけて広がる八大胡同。清朝時代、石頭胡同、百順胡同、陝西巷、朱家胡同などこのあたりの8つの胡同には、堂子、楽戸、遊郭、茶室などが集まり、2500人もの妓女がいて、にぎわいを見せていた。すべての客に平等に接する誠実な北方の妓女、洗練された振る舞いを見せる南方の妓女などそれぞれ特徴があったという。

最新の流行をいった妓女

　清朝時代には一般女性は茶屋、劇場、公園などに出かけることがほとんどなく、妓女の服装や容姿が最新の流行となっていた。そのため清朝から中華民国へ時代が移ると、女性の開放を目指す運動に女学生とともに妓女が活躍した。短い髪、身体のラインを強調した服など、西欧の影響を受けながら、新たな流行や女性像がつくられていった(こういった運動は、西欧列強が租界を築いた上海などでとくに強かった)。

勾連搭／勾连搭 ★☆☆
gōu lián dā
こうれんとう／ゴウリィアンダァ

　大柵欄界隈では、複数の棟をつらねた勾連搭という北京の特徴的な建築様式が見られる。レンガや石がもちいられた平屋の胡同はじめ、北京では建築が重層的にならず水平方向に広がった(柱と梁を使った南方の建築は重層的だった)。また北京では間口と奥行きから税金が決まったので、より効率的な勾連搭の様式が使われたと考えられる。

北京坊／北京坊 ★☆☆
běi jīng fāng
ぺきんぼう／ベェイジィンファン

　前門のそば、背後に大柵欄の商業街に続く立地にオープンした北京坊。中国式生活体験区をかかげ、この複合商業施設には北京最新のアート、グルメ、ショッピングなどの店舗が集まる。この界隈は明清時代から北京随一の繁栄をしていたところで、近くには交通銀行旧址、塩業銀行旧址も残り、古い北京と最先端の北京が交錯する。

老舎茶館／老舍茶馆 ★☆☆
lǎo shě chá guǎn
ろうしゃちゃかん／ラオシェチャアグゥアン

　前門近くに立ち、北京の伝統文化を今に伝える老舎茶館。京劇をはじめとする演劇や曲芸が演じられ、それを観ながらお茶を楽しむことができる。1988年に建てられ、門前には

★★★
大柵欄／大栅栏 dà shān lán ダァシャンラン
瑠璃廠／琉璃厂 liú li chǎng ルーリーチャン

★☆☆
老舎茶館／老舍茶馆 lǎo shě chá guǎn ラオシェチャアグゥアン
栄宝斎／荣宝斋 róng bǎo zhāi ロンバァオチャアイ
勅建火神廟／琉璃厂火神庙 liú li chǎng huǒ shén miào リュウリイチャアンフゥオシェンミャオ

獅子、赤いランタン、内部は調度品で彩られている。老舎茶館という名前は、北京生まれの作家老舎(1899〜1966年)とその作品からとられた。

西交民巷／西交民巷★☆☆
xī jiāo mín xiàng
せいこうみんこう／シイジィアオミンシィアン

　東交民巷とちょうど対峙するように、天安門広場から西に向かって伸びる西交民巷。元代は江米巷と呼ばれ、故宮に近いところから官吏の邸宅も多かった。その後、清朝末期から民国初期にかけて、西交民巷には数十の銀行が店舗を構える金融街となっていた。20世紀初頭の西交民巷の面影を伝える中央銀行旧址、中国銭幣博物館などが残る。

Liu Li Chang
瑠璃廠城市案内

故宮から少し離れた瑠璃廠のあたりには
故宮で使う琉璃瓦の工房があった
その後、文房四宝を扱う店がならぶ通りへと変貌した

瑠璃廠／琉璃厂★★★
liú lí chǎng
るりしょう／ルーリーチャン

　清朝時代から文人が集い、古書や文房四宝、骨董品をあつかう店がならぶ瑠璃廠。清朝第6代乾隆帝の時代に中国全土から北京に書物や工芸品が集められ、ここ瑠璃廠には大小30以上の古書店が軒を連ねていたという(1773年に各地の書物をおさめる四庫館が開かれている)。1912年、清朝が滅ぶと、宮中に仕えた文人が瑠璃廠に移り、現在でも清代の面影を伝える街並みが残っている。20世紀になって和平門の南に通りが整備されると、東西に分断され、東は文具、西は古書といった特徴を見せるようになった(清朝時代はひとつに続いていた)。

瑠璃廠の店でのやりとり

　瑠璃廠では清朝時代の貴重な品とともに、偽物も多く売られている。とくに軒先に高価な品をおけば品定めをされてしまうことから、貴重な逸品は店頭にはおかないと言われ、より価値ある品は二重、三重になった奥の部屋で商談が行なわれる。瑠璃廠の店主は、客の眼力や懐具合を見ながら商品を案内するのだという。

栄宝斎／荣宝斋 ★☆☆
róng bǎo zhāi
えいほうさい／ロォンバァオチャアイ

　瑠璃廠に店を構え、中国伝統の書画や文房四宝をあつかう栄宝斎。清代の1672年、松竹斎南紙店として創業し、1894年、「文を以て友を会し、栄名を宝と為す」という意味から栄宝斎となった。書画の装丁、複製、木版印刷から、古籍の収蔵、出版、教育も行い、貴重なコレクションをもつ。清代から中華民国、新中国と時代をへるなかで、文人に愛され、魯迅や徐悲鴻などの文人ともゆかりがあり、「栄宝斎」の墨跡は郭沫若による。

宮廷に納める窯のあと

　瑠璃廠という名前は紫禁城で使う瑠璃瓦を焼く工房があったことに由来する。元の大都の時代、続く明代にはここに工房がおかれていたが、当時は住む人がほとんどおらず、荒涼としていて土を加工する職人の姿があった（清朝第4代康熙帝の時代の1694年に窯は郊外へ移転した）。瓦を焼くための工房は、北京に5つあり、それぞれ神木廠、大木廠、黒窯廠、瑠璃廠、台基廠と呼ばれていた。とくに瑠璃廠と陶然亭公園に位置した黒窯廠では、宮廷で使う黄釉、青緑釉などが制作された。

★★★
瑠璃廠／琉璃厂 liú li chǎngルーリーチャン

★☆☆
栄宝斎／荣宝斋 róng bǎo zhāiロォンバァオチャアイ
勅建火神廟／琉璃厂 火神庙 liú li chǎng huǒ shén miàoリュウリイチァァンフゥオシェンミャオ
八大胡同／八大胡同 bā dà hú tóngバアダアフウトン
湖広会館／湖广会馆 hú guǎng huì guǎnフゥガンフイグァン

文房四宝を売る店がならぶ瑠璃廠

栄寶斎の店構え、何人もの文人に愛されてきた

洗練された北京ライフを提供する北京坊

前門大街にある老舗シュウマイ店の都一処

勅建火神廟／琉璃厂火神庙 ★☆☆
liú lí chǎng huǒ shén miào
ちょっけんかしんびょう／リュウリイチァンフゥオシェンミャオ

　瑠璃廠東街に立つ「火の神様」をまつった勅建火神廟。宮廷用の瑠璃瓦の工場があった瑠璃廠を火災から守る目的で、清朝乾隆帝時代の1775年に建てられた。火徳真君をまつり、この火の神は、炎帝につらなるとも、祝融だともいう。こじんまりとしている。

中国では書画同源と考えられている

Bunjin No Tashinami
中国文人のたしなみ

中国では長らく文人が尊敬され
書物を認める文房四宝は単なる道具ではなく
もつ人そのものをあらわしたという

文房四宝①硯（すずり）

　切り出された石材を磨き、釉薬を塗って仕あげる硯。他の文具と違って消耗しないところから、文房四宝のなかでももっとも重要視されてきた。正方形、長方形、楕円形など石に、龍や鳳凰などの動植物装飾がほどこされ、硯は芸術の域にまで高められている。すでに周の時代から硯が使われていたと考えられ、磨墨、発墨の様子などから価値が決まり、広東省の端渓や安徽省の歙州のものが知られる。

文房四宝②墨（すみ）

　墨は松やごま、菜種の植物油を混ぜて燃やした煤（すす）と膠（にかわ）を材料に塗り固めてつくられている。墨を使って文字を書きとめるといったことは、殷代に記された甲骨文にも見ることができる。方形、円形、楕円形や人形、動物の型などさまざまな形状をしていて、文字や図像が描かれていた。とくに10世紀、五代十国時代の南唐の歙州（安徽省）で発達し、その後も安徽省の墨業は有名で、香料や漢方薬を入れて、香りを賛美するといったことも行なわれた（文房四宝は南方で発達した一方で、仏教が盛んな北方では墨は写経に使われるなどした）。

文房四宝のひとつ硯(すずり)首都博物館に展示されていた

象形文字から出発した漢字は文字が意味をもつ

全国から選ばれたエリート文人が入朝を許された

文房四宝③筆 (ふで)

　竹と毛でつくられた文字を書くための筆。太さや硬さなどさまざまな種類が用意され、書くものや対象によって最適なものが選ばれる。武将、蒙恬が「うさぎの毛(中山の兎毫)」で筆をつくり、始皇帝に献上したという記録が残っている。筆は殷の時代からあったというが、異なる書体を統一した始皇帝になぞらえ、蒙恬による発明と見られている。筆の名匠として、安徽省の宣城に生きた諸葛高などが名高い。

文房四宝④紙 (かみ)

　後漢の時代、宦官の蔡倫が皇帝に紙を上奏した105年が紙の発明の年とされる(それ以前から使われていたと考えられる)。樹皮、麻、ぼろぎれなどを原料とし、紙が現れるまで竹が使われていた。紙は軽くて美しく文字を書くことができるが、湿気や直射日光に弱く、扱いが難しい。北方で使用されていたが、やがて南方で盛んになり、安徽省の宣城のものが北宋時代からその品質のよさで知られる。

Xuan Wu Men
宣武門城市案内

地鉄2号線の駅がある宣武門
そこから南に伸びる宣武門外大街
今では巨大な建物が林立する

宣武門／宣武門 ★☆☆
xuān wǔ mén
せんぶもん／シュアンウーメン

　かつて北京内城と外城をつないだ宣武門は、現在、撤去され地名として残っている(旧宣武区の地名の由来となった)。この宣武門の南側が北京外城旧宣武区のエリアで、小吃や京劇はじめ、生き生きとした北京の庶民文化が育まれたところ。清代、この門の南側は宣武門東に位置する前門、崇文門とともに栄え、現在でも多くの人々が行き交っている。

南堂(天主堂)／南堂 ★☆☆
nán táng
なんどう(てんしゅどう)／ナンタン

　宣武門内に位置する南堂は北京最古のキリスト教会で、北京にある代表的な4つの教会堂の位置関係からこの名前で呼ばれている(西直門内の西堂、王府井北の東堂、府右街の北堂)。明代、宣教師マテオ・リッチは進んだ科学技術をもつことから、1601年、明の万暦帝に認められ、ここ南堂の地に土地をあたえられた(小さなお堂が建てられた)。マテオ・リッチに続いて宮廷に仕えたアダム・シャールが1650年にこの場所に北京ではじめての西洋建築(大堂)を建て、そこでは天文台、観測器具室、書庫などが併設されていた。現在の建物は1904年

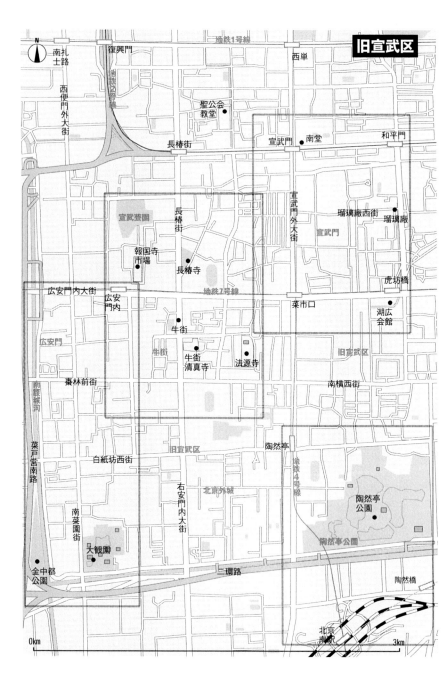

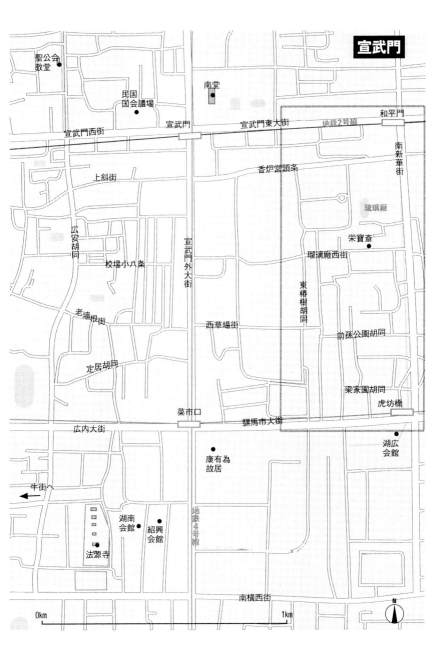

に再建されたものとなっている。

宮廷に仕えた宣教師たち

中国における実質的なキリスト教の布教は明代にはじまり、イタリア人イエズス会士のマテオ・リッチ(利瑪竇)がそのさきがけとなった。自らを西儒とし、中国の天とキリスト教の神、堯の洪水と聖書の洪水を同一視するなど、中国の伝統を尊重しながら布教を進めた。こうした西洋の宣教師は、北京の宮廷側からは技術者として重宝され、マテオ・リッチが明の万暦帝に仕えたほか、暦や大砲をつくって清の第3代順治帝に仕えたアダム・シャール、康熙帝、雍正帝、乾隆帝の3人の皇帝に宮廷画家として仕えたカスティリオーネ(西洋絵画の明暗法や遠近法は中国ではめずらしいものだった)などが知られる。

★★★
瑠璃廠／琉璃厂 liú lí chǎng ルーリーチャン

★★☆
牛街／牛街 niú jiē ニュウジエ
牛街清真寺／牛街清真寺 niú jiē qīng zhēn sì ニュウジエチンチェンスー

★☆☆
栄宝斎／荣宝斋 róng bǎo zhāi ロォンバァオチャアイ
宣武門／宣武门 xuān wǔ mén シュアンウーメン
南堂(天主堂)／南堂 nán táng ナンタン
民国国会議場／民国国会议场 mín guó guó huì yì chǎng ミングゥオグゥオフイイチャアン
聖公会教堂／中华圣公会教堂 zhōng huá shèng gōng huì jiào táng チョンフゥアシェンゴォンフイジィアオタァン
菜市口／菜市口 cài shì kǒu チャイシィコウ
康有為故居／康有为故居 kāng yǒu wéi gù jū カンヨウウェイグゥジュウ
湖広会館／湖广会馆 hú guǎng huì guǎn フゥグァンフイグァン
紹興会館／绍兴会馆 shào xīng huì guǎn シャオシンフイグァン
湖南会館／湖南会馆 hú nán huì guǎn フウナァンフゥイグゥアン
法源寺／法源寺 fǎ yuán sì ファユアンスー
長椿寺／长椿寺 zhǎng chūn sì チャンチュンスー
北京宣武芸園／北京宣武艺园 běi jīng xuān wǔ yì yuán ベイジンシュウアンウウイイユゥエン
報国寺市場／报国寺市场 bào guó sì shì chǎng バオグゥオシーチャン
金中都公園／金中都公园 jīn zhōng dōu gōng yuán ジィンチョンドウゴォンユゥエン
大観園／大观园 dà guān yuán ダアグァンユエン
広安門／广安门 guǎng ān mén グァンアンメン
陶然亭公園／陶然亭公园 táo rán tíng gōng yuán タオランティンゴンユエン

クリスマスを祝う、宣武門の南堂にて

宣武門に立つ巨大ビル

明代以来の歴史をもつ南堂、石づくりの西欧式建築

毛沢東は湖南省出身、湖南の人は湖広会館に集まった

会館で演じられた京劇、人々の厳しい目を受けて発展した

中国布教に生涯を捧げたマテオ・リッチ

民国国会議場／民国国会议场 ★☆☆
mín guó guó huì yì chǎng
みんこくこっかいぎじょう／ミングゥオグゥオフイイイチャアン

　清朝末期の1910年、立憲制への準備のために諮問機関の資政院が設立され、続いて中華民国時代に国会議場が開設された。民国国会議場はその当時の1911年に建てられた建物で、参議院が西側、衆議院が東側におかれた(清朝時代の象房であり、また北洋軍閥以後、ここには北平大学法学院があった)。国会の辦公楼だった圓楼と、外側の赤い柱から名づけられた紅楼などの建築が残り、現在は新華社(国営通信社)となっている。風格ある欧風建築で、共産主義のシンボル「赤いの星」が見える。

北京で見られた巨大な象

　明清時代の北京には象房があり、ベトナムやタイなどの朝貢国から献上された象を収容し、そこで飼育されていた。この象は風貌の特異さから午門や天安門で行なわれる儀式で登場し、人々の目をひいていた。当初、象房は広安門内の報国寺の境内にあったが、やがて明第10代弘治帝の時代に紫禁城により近い宣武門内の定力院に馴象所が整備された。また毎年6月に宣武門外の五条川で象を洗う儀式があり、多くの人が見物に訪れたという。

聖公会教堂／中华圣公会教堂 ★☆☆
zhōng huá shèng gōng huì jiào táng
せいこうかいきょうどう／チョンフゥアシェンゴォンフイジィアオタァン

　佟麟閣路に残るイギリス国教会の聖公会教堂。もともと清朝官吏の殷柯庭の邸宅があったところで、義和団の乱のときに西欧列強に占領された。1907年、ここにイギリス人の設計でキリスト教会が建てられ、北京のキリスト教布教の拠点となった。レンガの外壁をもち、屋根に八角形の楼閣が

載る。

菜市口／菜市口 ★☆☆
cài shì kǒu
さいしこう／チャイシィコウ

　宣武門外大街を南にくだったところに位置する菜市口。清朝時代からにぎわいを見せていたところで、各地方から上京してきた人々が集う会館が多くおかれていた。また清代に公開処刑が行なわれた場所として知られ、それは人々の娯楽だったほか、見せしめにもなっていた。清朝政治の変革を目指した戊戌の変法のとき、康有為は逃亡したが、弟の康広仁や譚嗣同は逮捕され、市内引き回しのあと、ここ菜市口で処刑されている。

康有為故居／康有为故居 ★☆☆
kāng yǒu wéi gù jū
こうゆういこきょ／カンヨウウェイグゥジュウ

　菜市口近くに位置する康有為故居。康有為は清朝末期に政治改革を試みた政治家で、儒教や大同思想などをふまえた独自の思想を体系化していた（近代中国の青年層に大きな影響を与えた）。もともとここは広東省南海県の人々が北京で集まる会館がおかれた場所で、広東省南海県出身の康有為にゆかりあることからこの名前がつけられた。

湖広会館／湖广会馆 ★☆☆
hú guǎng huì guǎn
ここうかいかん／フゥガンフィグァン

　北京の旧宣武区に数多くある各地の会館のなかでも、重要な政治の舞台となってきたことで知られる湖広会館。会館は、明代から各地でつくられるようになり、北京の官吏となった湖南省、湖北省の人、科挙で上京してきた学生、商人などが立ち寄った。1912年、ここで孫文は国民党を結成して

いる。

紹興会館／绍兴会馆 ★☆☆
shào xīng huì guǎn
しょうこうかいかん／シャオシンフイグァン

　浙江省紹興の人々が北京滞在時の宿とした紹興会館(紹興酒のふるさと)。紹興出身の作家魯迅が暮らし、代表作『狂人日記』の執筆をここで行なったことで知られる。

湖南会館／湖南会馆 ★☆☆
hú nán huì guǎn
こなんかいかん／フウナァンフゥイグゥアン

　北京の湖南省出身の人が集まる場所だった湖南会館。同郷者の相互扶助を行う会館の役割は、清朝時代になるとさらに大きくなり、この湖南会館は清朝時代の1887年に建てられた。中華民国時代は湖南人革命家の拠点にもなっていた。

Niu Jie
牛街城市案内

豚を口にしないイスラム教徒の回族が集住する牛街
回民学校やモスク、清真食堂などがならび
北京の他の街とは雰囲気を異にする

牛街／牛街 ★★☆
niú jiē
ぎゅうがい／ニュウジエ

　牛街はイスラム教を信仰する回族の人々が集中して暮らす街で、その信仰上から豚肉を食さず、羊肉か牛肉を食べるため牛街と呼ばれるようになった。イスラム教徒の礼拝場である牛街清真寺（モスク）を中心に、豚肉を使わず、独自の方法で屠殺、調理された清真料理、清真食品店がならぶ。イスラム教は遼代の10世紀には北京に伝わったと考えられ、とくにモンゴル族の元代、漢族ではなく西方のイスラム教徒が官吏に登用され、多くのイスラム教徒が北京に移住した。これらのイスラム教徒は回族と呼ばれて、牛街をはじめとする地域に集住し、独自の生活体系を保ち続けた（イスラム教徒には食事や礼拝などで細かい規定がある）。明代の文献に牛肉胡同という言葉が見られ、現在では中国イスラム協会やイスラム学校などがおかれているが、北京の開発とともに大きく街は変化している。

法源寺／法源寺 ★☆☆
fǎ yuán sì
ほうげんじ／ファユアンスー

　北京市街にある最古の仏教寺院と言われる法源寺。645

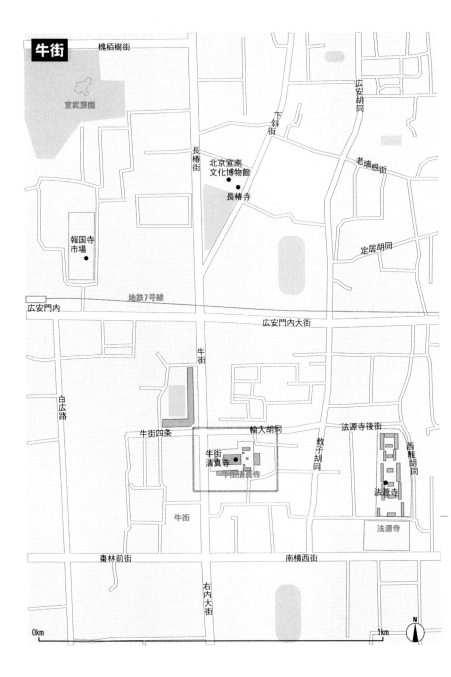

年、唐の太宗が幽州(北京)を拠点に行なった高句麗遠征で、なくなった戦士を追悼するために創建した憫忠寺を起源とする。太宗の時代に建立がはじまり、則天武后の時代に完成し、「憫忠高閣、去天一握(憫忠の高閣、天を去ること一握)」とたたえられた。755〜763年、安史の乱が起こったときには、順天寺とされるなどしたのち(浄光宝塔の頌は、安史の乱首謀者の史思明が建てた)、清代の1734年、雍正帝に「法海真源」の勅額をたまわったことで法源寺となった。清代に改築されたときの伽藍配置をもつほか、唐代の菩薩像や歴代皇帝の碑文なども見られる。

中国仏教の総本山

北京でも有数の伝統をもつ法源寺には、青少年の仏教僧を育成することを目的に1980年、中国仏学院が設置された。1960〜70年代の文化大革命で宗教が弾圧されるなど暗い時代をへて、中国仏教の次世代をになう僧が学ぶ中国仏教の総本山となっている。

長椿寺／长椿寺 ★☆☆
zhǎng chūn sì
ちょうちんじ／チャンチュンスー

明代の1592年、万暦帝がその母孝定李太后のために建てた仏教寺院の長椿寺。長椿とは「健康長寿」という意味で、皇

★★☆
牛街／牛街 niú jiē ニュウジエ
牛街清真寺／牛街清真寺 niú jiē qīng zhēn sì ニュウジエチンチェンスー

★☆☆
法源寺／法源寺 fǎ yuán sì ファユアンスー
長椿寺／长椿寺 zhǎng chūn sì チャンチュンスー
北京宣南文化博物館／北京宣南文化博物馆 běi jīng xuān nán wén huà bó wù guǎn ベイジンシュウアンナンウェンフゥアボオウゥグゥアン
北京宣武芸園／北京宣武艺园 běi jīng xuān wǔ yì yuán ベイジンシュウアンウウイイユゥエン
報国寺市場／报国寺市场 bào guó sì shì chǎng バオグゥオスーシーチャン

金魚は幸運を運ぶと言われ、縁起がいい

由緒正しい仏教寺院の法源寺

法源寺の天王殿前に立つ狛犬

帝の母への想いが寺名となった。明代当時は北京の主刹として知られていたが、清代になると衰えたという。

北京宣南文化博物館／北京宣南文化博物馆 ★☆☆
běi jīng xuān nán wén huà bó wù guǎn
ぺきんせんなんぶんかはくぶつかん／ベイジンシュゥアンナァンウェンフゥアボオウグゥアン

　北京宣武地区の魅力を発信する地として、2005年、明代に栄えた長椿寺に開館した北京宣南文化博物館。北京の歴史をあつかう「悠悠宣南展庁」、宣武地区出身の著名人についての「宣南士郷展庁」、近代の革命烈士を紹介する「英烈足跡展庁」、京劇を育んだ演劇に関しての「梨園勝景展庁」、刺繍や民間芸術の「城南楽園展庁」、小玩具、玉器、食などの商業についての「百年興商展庁」、牛街の回族などの諸民族に関する「民族団結展庁」などが見られる。宣南とは、明の嘉靖帝が1553年、北京外城に築いた七坊のなかの宣南坊にちなむ（宣武門の南を意味する）。

北京宣武芸園／北京宣武艺园 ★☆☆
běi jīng xuān wǔ yì yuán
ぺきんせんぶげいえん／ベイジンシュゥアンウイイユゥエン

　明清時代に善果寺のあった敷地を整備して、新たに公園となった北京宣武芸園。1950年代に公園となった後、1983年の再整備後、2007年、環境に配慮した公園となった。築山、池、橋などを配した中国様式庭園で、優雅さをのある東エリア、静寂を感じさせる西エリアからなる。

報国寺市場／报国寺市场 ★☆☆
bào guó sì shì chǎng
ほうこくじいちば／バオグゥオシーチャン

　牛街北西に位置する報国寺。もともと遼代に建てられた報国寺と、それとは別に明の第9代成化帝が建てた慈仁寺をあわせて、18世紀の乾隆帝の時代に大報国慈仁寺として重

修された。現在は敷地内に庶民が集まり、雑貨市が開かれている。

牛街ではよく見かけるケバブ、串のまま食べる

イスラム教を意味する「清真」の文字

牛街近くで食べた麺料理、食べきれないほどの量

牛街清真寺鑑賞案内

Niu Jie Qing Zhen Si

清真寺とはイスラム教の礼拝堂モスクのこと
牛街清真寺は北京を代表するモスクで
イスラム教徒の回族の人たちが礼拝に訪れる

回族とは

　イスラム教(回教)を信仰する中国人を回族と呼び、現在では55の少数民族のひとつに位置づけられている。もともと唐代から元代にかけて中国に移住してきたトルコ人、イラン人、アラブ人が土着化し、歴史的に形成された民族で、元代には式目人として支配者に近い側であったため全国に散らばることになった(漢族との混血も多い)。イスラムの教えを守って生活しているところから、男性は白い帽子、女性はスカーフを着用している。モスクを中心に集住し、漢族とは食習慣や葬儀などで異なる生活習慣をもち、とくに北京冬の名物涮羊肉(ショワヤンロウ、羊肉のしゃぶしゃぶ)は回族の料理をルーツにすると言われる。

牛街清真寺／牛街清真寺★★☆

niù jiē qīng zhēn sì
ぎゅうがいせいしんじ／ニュウジエチンチェンスー

　牛街清真寺は北京に建てられてきた数十のイスラム寺院のなかでもっとも伝統があり、回族の人々が礼拝に訪れる信仰の中心的存在となっている。遼代(北京をふくむ燕雲十六州は遼、その南に漢族の宋があった)の996年に建立され、1474年、明の憲宗から礼拝寺と名前をたまわり、1442年、1696年の改

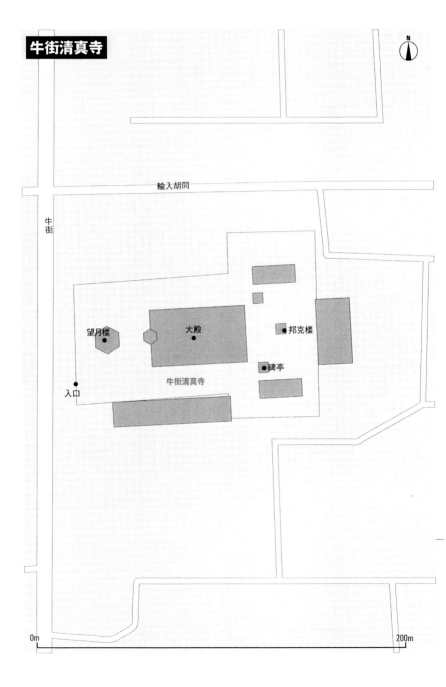

修をへて現在の礼拝堂の姿になった。寺院はイスラム教の聖地メッカの方角を向いて建てられていて、中国式建築となっている(漢族居住地のモスクは中国式、ウイグル自治区のモスクは中央アジア、ペルシャに通じる様式)。ここでイスラム教徒の回族が礼拝を行なうほか、『コーラン』の古写本などの資料を安置している。

望月楼／望月楼 ★☆☆
wàng yuè lóu
ぼうげつろう／ワンユエロウ

　六角形のプランをもち、正面に「牛街礼拝寺」の扁額がかかる望月楼。イスラム暦は太陰暦(中国の旧暦は太陽太陰暦)を使用するために、ここから月を見てラマダン(断食)明けの日などが定められていた。望月楼、大殿、邦克楼、碑亭などの建物は世界のモスクに共通する様式を中国式にしたものとなっている。

大殿／大殿 ★☆☆
dà diàn
だいでん／ダァディエン

　回族が1日に5回の礼拝や金曜日の集団礼拝を行なう大殿。メッカの方角に向かって立ち、1000人以上が同時に礼拝できる。内部にはアラビア風の装飾や彫刻などがほどこされ、ドーム構造のかたちが窯に似ているところから窯殿とも呼ばれる。

★★☆
牛街清真寺／牛街清真寺 niú jiē qīng zhēn sì ニュウジエチンチェンスー
牛街／牛街 niú jiē ニュウジエ

★☆☆
望月楼／望月楼 wàng yuè lóu ワンユエロウ
大殿／大殿 dà diàn ダァディエン
邦克楼／邦克楼 bāng kè lóu バンカァロウ
碑亭／碑亭 bēi tíng ベイティン

邦克楼／邦克楼 ★☆☆
bāng kè lóu
ほうこくろう／バンクァロウ

　牛街清真寺のミナレットにあたる邦克楼。ここから信徒に礼拝を呼びかける『コーラン』が流れる。また「喚(よ)び醒(さ)ます」という意味の喚醒楼という別称ももっている。

碑亭／碑亭 ★☆☆
bēi tíng
ひてい／ベイティン

　邦克楼の両側に立つ碑亭。漢文とアラビア語による明代の石碑などが見られる。

漢字とアラビア文字が併記されている

中国建築様式で建てられた牛街清真寺

時間通りに礼拝をする回族

中央アジア、ペルシャの様式に通じるモスク

Tao Ran Ting Gong Yuan
陶然亭公園城市案内

北京外城の正門にあたった永定門
その西側には先農壇や陶然亭公園が位置する
また近くの北京南駅には南方方面の列車が発着する

陶然亭公園／陶然亭公园 ★☆☆
táo rán tíng gōng yuán
とうぜんていこうえん／タオランティンゴンユェン

　北京外城の正門にあたる永定門の西に位置する陶然亭公園。この地は古くから西山をのぞむ湖がたたずむ風光明媚な地として知られ、湖面に浮かぶ中央島を囲むように東、西、南湖の湖が広がる。北京の景勝地がほとんど皇族専用だったのに対して、陶然亭は清の文人に愛され、湖に舟を浮かべて詩を詠んだり、移り変わる季節の景色が見られた(「北京で一番早く春が訪れる場所」と言われる)。市民公園として開かれ、とくに9月9日の重陽節には、菓子などをたずさえた人々で陶然亭公園はにぎわう。

陶然亭慈悲庵／陶然亭慈悲庵 ★☆☆
táo rán tíng cí bēi ān
とうぜんていじひあん／タオランティンツーベイアン

　中央島の南西隅に立つ陶然亭慈悲庵。清朝第4代康熙帝に仕えた江藻という官吏によって建てられ、白楽天の詩「更待菊黄家醸熟、与君一酔一陶然」をとって陶然亭と名づけた(陶然亭は元代に創建されたと伝えられる慈悲庵のそばに建てられた)。この亭の名前が公園全体の名前となっている。

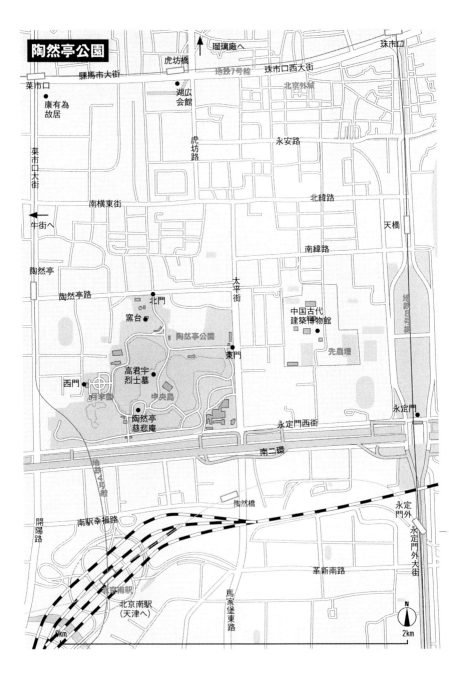

北京南郊の歴史

　陶然亭公園近くには、紀元前4〜前3世紀の春秋戦国時代(北京は燕)の遺跡が見られ、このあたりに古くから集落があったことがわかっている。1951年には園内から金代の銅銭や瓦が発掘されているほか、続く元代には草原と沼地が広がる行楽地となっていた。明清時代にはこの場所に、瓦やレンガを焼く工房があり、敷地内の小さな山は窯台と呼ばれている。また20世紀になると北京中心部から南に離れたこの地を毛沢東や周恩来が会合場所とし、中央島には共産党員の初期メンバーの遺体が眠っている。

先農壇／先农坛 ★☆☆
xiān nóng tán
せんのうだん／シィエンノンタァン

　北京内城から見て南郊外、永定門大街をはさんで天壇の向かいに位置する先農壇。先農壇には農業の神様をまつった祭壇と「皇帝が種をまく儀式」の行なわれた田んぼがあった。農耕社会が続いた中国では、神農氏などの農業の神様が重視され、中規模都市ではそれをまつる先農壇がおかれた。この先農壇は明代の1420年に建てられ、当時から東側には天地壇(天壇)の姿があった(明の先農壇は1376年に南京南郊外に造営され、それが北京でもつくられた)。太歳神をまつった極彩色の太歳殿、先農神壇、観耕台、慶成宮、神祇壇からなる。

★☆☆
陶然亭公園／陶然亭公园 táo rán tíng gōng yuán タオランティンゴンユェン
陶然亭慈悲庵／陶然亭慈悲庵 táo rán tíng cí bēi ān タオランティンツーベイアン
先農壇／先农坛 xiān nóng tán シィエンノンタァン
中国古代建築博物館／中国古代建筑博物馆 zhōng guó gǔ dài jiàn zhù bó wù guǎn チョングゥオグゥダイジャンチュウボゥグァン
菜市口／菜市口 cài shì kǒu チャイシィコウ
康有為故居／康有为故居 kāng yǒu wéi gù jū カンヨウウェイグゥジュウ
湖広会館／湖广会馆 hú guǎng huì guǎn フウグァンフイグァン

円形の洞門が空間をつなぐ

四隅のそりあがった屋根をもつ陶然亭慈悲庵

陶然亭公園近くの胡同で見た看板

餐厅とはレストランのこと、豊富なメニューをとりそろえる

中国古代建築博物館／中国古代建筑博物馆 ★☆☆

zhōng guó gǔ dài jiàn zhù bó wù guǎn

ちゅうごくこだいけんちくはくぶつかん／チョングゥオグゥダイジャンチュウボウグァン

　先農壇の建築を利用して開館している中国古代建築博物館。古代建築の模型、城壁の様子などが展示されている。

色とりどりのアクセサリーがならぶ土産物店

手の混んだ人形

Guang An Men
広安門城市案内

北京外城の西門にあたった広安門
外城西側の濠にそって金中都公園が位置し
北京で最初に皇宮がおかれたのはこのあたりだった

金中都公園／金中都公园 ★☆☆
jīn zhōng dōu gōng yuán
きんちゅうとこうえん／ジィンチョンドォウゴォンユゥエン

　白紙坊橋から南、外城濠にそって広がる金中都公園。満州族の征服王朝である金(1115～1234年)の中都は、ここ北京の南西エリアにあった(当時の金の都を中都といい、その中心がこのあたりにあった)。1153年、海陵王が会寧(黒龍江省)から北京に都を遷し、1214年に開封に遷るまで、北京で最初の皇宮がおかれていた。東西200m、南北1000mの敷地に、博物館やモニュメント、石の彫像、文化広場などが位置する。2013年に開放された。

大観園／大观园 ★☆☆
dà guān yuán
だいかんえん／ダァグァンユェン

　曹雪芹の小説『紅楼夢』の世界をもとに建設された大観園。明清時代の皇族が暮らした雰囲気の再現を目指し、中国の伝統な手法で配置された庭園や宮殿が見られる。

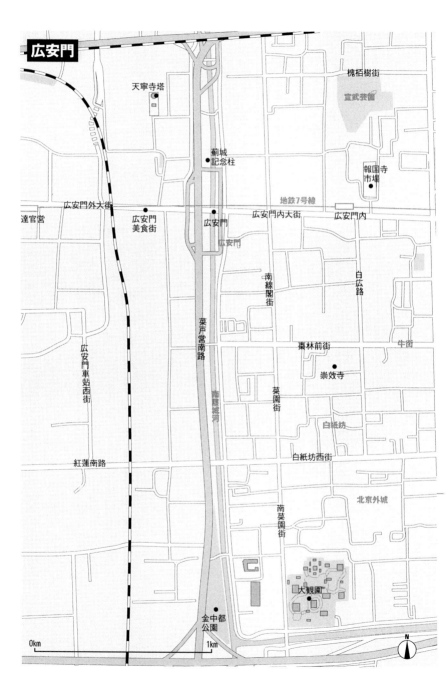

崇效寺／崇效寺 ★☆☆
chóng xiào sì
すうこうじ／チョンシャオスー

牛街の南西に位置する崇效寺。唐代、劉濟という人物が自宅を寄進して建てた寺がはじまりだと言う。その後、明の第12代嘉靖帝の時代に再建されるなどして現在にいたる。この寺には棗(なつめ)が千株もあったため棗花寺とも呼ばれ、近くにはそこから名前がとられた棗林街が残っている。

広安門／广安门 ★☆☆
guǎng ān mén
こうあんもん／グァンアンメン

北京外城西部に位置し、南西の盧溝橋へと続く要衝となっていた広安門(彰儀門)。現在は撤去されてしまったが、かつては楼閣がそびえ、この城門外では人々に財をもたらすという五顕財神廟(趙玄壇、招財、招宝、利市、納珍の五神)がにぎわいを見せていた。1644年、明を滅ぼした農民反乱軍の指導者李自成は、内通していた宦官にこの門を開かせて、北京城内に突入したという歴史があるほか、1937年の盧溝橋事件直後に広安門事件が起きたところとしても知られる。

★★☆
牛街／牛街 niú jiē ニュウジエ
天寧寺塔／天宁寺塔 tiān níng sì tǎ ティエンニンスーター

★☆☆
金中都公園／金中都公园 jīn zhōng dōu gōng yuán ジンチョンドウゴォンユゥエン
大観園／大观园 dà guān yuán ダァグァンユエン
崇效寺／崇效寺 chóng xiào sì チョンシャオスー
広安門／广安门 guǎng ān mén グァンアンメン
広安門美食街／广安门美食街 guǎng ān mén měi shí jiē グァンアンメンメイシイジエ
薊城記念柱／蓟城纪念柱 jì chéng jì niàn zhù ジィチェン
北京宣武芸園／北京宣武艺园 běi jīng xuān wǔ yì yuán ベイジンシュゥアンウイイユゥエン
報国寺市場／报国寺市场 bào guó sì shì chǎng バオグゥオシーチャン

広安門美食街／广安门美食街 ★☆☆
guǎng ān mén měi shí jiē
こうあんもんびしょくがい／グゥアンアンメンメイシイジエ

　広安門大街にそって多くの店が集まる広安門美食街。宣武地区は古くから小吃の名店が集まり、豊かな北京の軽食文化をつくってきた。

外城西部城市案内

Wai Cheng Xi Bu

空高くそびえる天寧寺塔
チンギス・ハンに認められた長春真人に由来する白雲観
明清以前からの歴史をもつ史跡を訪ねる

首都博物館／首都博物馆 ★☆☆
shǒu dū bó wù guǎn
しゅとはくぶつかん／ショウドゥボウガン

　復興門外大街に位置し、巨大なたたずまいを見せる首都博物館。孔廟にあった首都博物館がこの地に移され、総合博物館として2006年に開館した。北京城の変遷や北京の民俗に関する展示、古代の楽器、玉器、青銅器などの展示が見られ、なかには北京の胡同を再現したものまである。

白雲観／白云观 ★★☆
bái yún guàn
はくうんかん／バイユングァン

　白雲観は華北を中心に信者を集める道教(全真教)の総本山で、「全真第一叢林」と言われる格式をもつ。唐の玄宗が中国各地に建立した天長観のなかで、866年、幽州(北京)に建てられたものをはじまりとし、金から元へ時代が移るなかでチンギス・ハンの信任を得た長春真人がここを拠点としたことで現在の基礎ができた。明代に白雲観という名前になり、清代は康熙帝、乾隆帝との関係も強く、西太后が訪れてここで茶を飲んだといった記録も残っている。中国の伝統的な建築様式にしたがって軸線上に建物が配置され、唐代の老子の石像、明版の道蔵など貴重な遺品も収蔵する。また

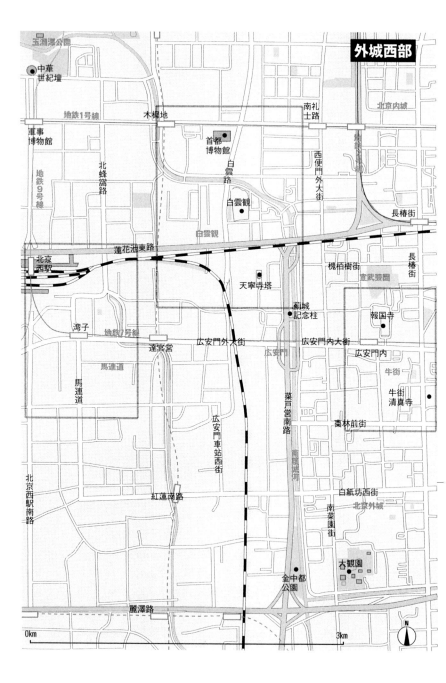

この白雲観には中国道教協会がおかれている。

玉皇殿／玉皇殿 ★☆☆
yù huáng diàn
ぎょくこうでん／ユゥファンディエン

山門と霊官殿を抜けた軸線上に立つ玉皇殿。道教の諸神の頂点に立つ天神、玉皇がまつられている（白雲観は金の時代に成立した新しい自己修養型の全真教の道観であることから、民間信仰の神は中央軸から離れたところにおかれている）。

老律殿／老律殿 ★☆☆
lǎo lǜ diàn
ろうりつでん／ラオリュウディエン

全真教の七真人がまつられた老律殿。中国の道教のなかで、五斗米道の流れをくむ正一教に対して、全真教は金代、華北を中心に広がった改革的な宗教で、長春真人をふくむ七真人が信仰の対象になっている。老律殿の前には長春丘真人道行碑が立つ。

★★☆
白雲観／白云观 bái yún guàn バイユングァン
天寧寺塔／天宁寺塔 tiān níng sì tǎ ティエンニンスータァ
牛街／牛街 niú jiē ニュウジエ
牛街清真寺／牛街清真寺 niú jiē qīng zhēn sì ニュウジエチンチェンスー

★☆☆
首都博物館／首都博物馆 shǒu dū bó wù guǎn ショウドゥボウガン
馬連道／马连道 mǎ lián dào マアリィアンダオ
北京西駅／北京西站 běi jīng xī zhàn ベイジンシイチャン
金中都公園／金中都公园 jīn zhōng dōu gōng yuán ジィンチョンドウゴオンユゥエン
大観園／大观园 dà guān yuán ダアグァンユエン
広安門／广安门 guǎng ān mén グァンアンメン
薊城記念柱／蓟城纪念柱 jì chéng jì niàn zhù ジィチェン

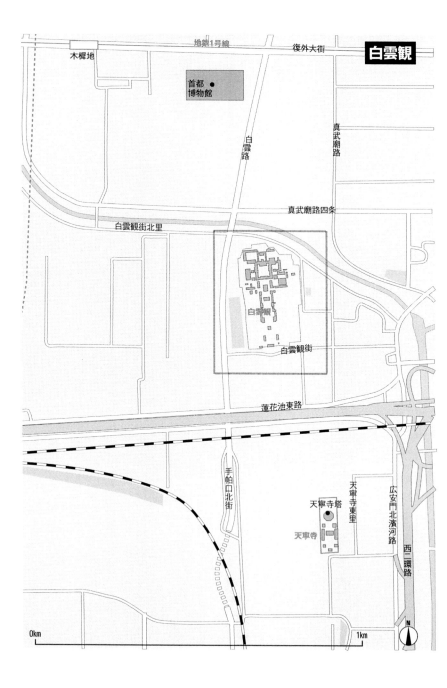

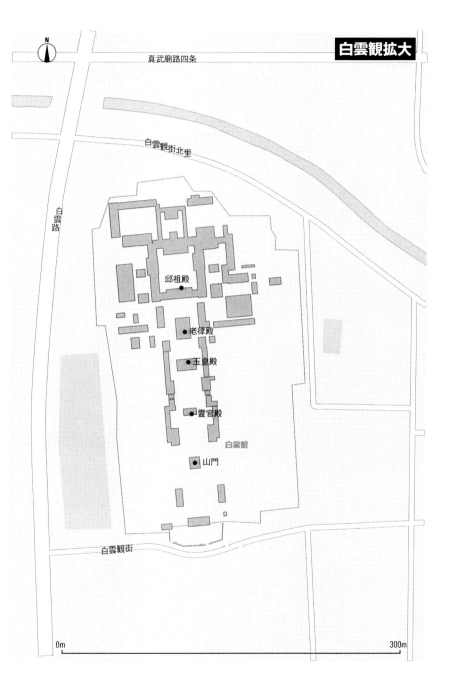

邱祖殿／邱祖殿 ★☆☆
qiū zǔ diàn
きゅうそでん／チュウズゥディエン

チンギス・ハンの信任を得て全真教の地位を確固たるものにした長春真人がまつられた邱祖殿(白雲観に居を構えた)。真人とは神仙の境地に達した者に名づけられ、「知識極めて広く、読まない書とてはないほど」と尊敬を集めたという。邱祖殿には長春真人の塑像がおかれ、その下には遺骨が埋葬されている(全真教が生まれたのは金から元へと時代が変わる12世紀のことで、創始者王重陽の弟子長春真人は全真教の七真人のひとりにあげられる)。

チンギス・ハンと長春真人

チンギス・ハンの招来を受けた長春真人は自らの弟子を連れて北京から中央アジアへと赴き、1222年、ハンの行宮にたどり着いた。そこで「いかなる長生の薬あるか、あらばもって朕に資せよ(道教は不老不死の思想をもつ)」というチンギス・ハンの問いに、「衛生の方法はあるが、長生の薬はない」と答え、人が生きるべき道、不孝や色欲、殺人を戒めることを説いた。長春真人はこのやりとりでチンギス・ハンの信任を得、天長観と呼ばれていた白雲観に居をかまえ、干ばつがあるときは祈祷を行なって雨を降らせるなどしたという。またここから瓊華島(北海公園)に散歩へ行って、山水を見て詩をつくったり、茶を飲み人々と談笑して暮らしたと伝えられる。

★★☆
白雲観／白云观 bái yún guàn バイユングァン
天寧寺塔／天宁寺塔 tiān níng sì tǎ ティエンニンスータァ

★☆☆
玉皇殿／玉皇殿 yù huáng diàn ユゥファンディエン
老律殿／老律殿 lǎo lǜ diàn ラオリュウディエン
邱祖殿／邱祖殿 qiū zǔ diàn チュウズゥディエン
首都博物館／首都博物馆 shǒu dū bó wù guǎn ショウドゥボォウガン

首都博物館の展示、豊富な内容をもつ

白雲観の門構え、周囲は開発が進む

線香が備えられ、周囲に香りが立ちこめる

白雲観で見た看板、道教の作法が記されている

天寧寺塔は北京でも屈指の歴史をもつ史跡

巨大な青銅器が外と内部をつらぬいている

北京を代表する仏塔の天寧寺塔

チンギス・ハンの信頼を得た長春真人

橋の下にかかる大きなお金、これに向かって賽銭を投げる

遼金時代の北京は天寧寺塔あたりが中心だった

天寧寺塔／天宁寺塔★★☆
tiān níng sì tǎ
てんねいじとう／ティエンニンスータァ

　護城河のほとりにそびえる高さ57.8mの天寧寺塔。沙弥座を意味する八角形の基壇(塔座)のうえに13層の塔がそびえ、塔身、窓に菩薩などの彫刻がほどこされている。もともと寺院本体は、中国が南北朝にわかれた5世紀、仏教に深く帰依した北魏の孝文帝によって建立されたと言われ、宏業寺(隋代)、天王寺(唐代)、大万安禅寺(金代)と時代によって名前が変わり、元代には戦火に巻き込まれて消失した。明代の1435年に天寧寺として再興され、清の乾隆帝の時代などに修復されて現在にいたる。古い記録では、天寧寺塔の各層の軒先には風鐸が3400個つけられていて、風が吹けば、その音が街に響いたという。

遼の南京にそびえた仏塔

　天寧寺塔は北京に現存する仏塔のなかではもっとも古いと言われ、北京に副都をおいた12世紀の遼代(中国北方系)の仏塔様式を今に伝えている。遼は、北京より北方で遊牧生活を送っていたモンゴル系契丹を出自とし、10世紀ごろ、契丹族は耶律阿保機を中心に勢力を強め、中原が混乱する唐崩壊後(五代十国時代)に北京や山西省北部をふくむ燕雲十六州を獲得した。耶律阿保機は「(インドで生まれた)仏教は中国の教にあらず」として、仏教を信仰し、天寧寺塔は遼代の都(南京)の中心にそびえていたという。遼は首都の上京のほかに副都として東都、北都、中都、南都をもうけ、北京にもっとも南の副都がおかれ、瑠璃廠から遼代の官吏の墓が出土している。

遼と征服王朝

　北京をふくむ燕雲十六州(北京の古名「燕」と山西省大同の古名「雲」からとられた)は、北方の騎馬民族と南方の農耕民族が交わる地帯として知られる。中国では古くから北方の騎馬民族が農耕地帯に侵入して王朝を樹立するということが行なわれ、北魏、隋、唐といった王朝は鮮卑族、遼や元はモンゴル族、金や清は満州族を出自とする(浸透王朝や征服王朝と呼ばれる)。とくに北方民族としてはじめて北京の地に都をおいた遼はモンゴル系の契丹(キタイ)族による王朝で、遼の版図はモンゴル高原から中央アジアへと広がったため、ロシアなどでは中国をこの遼にちなんでキタイ(契丹)と呼ぶ。

薊城記念柱／蓟城纪念柱 ★☆☆
jì chéng jǐ niàn zhù
けいじょうきねんちゅう／ジィチェンジイニィエンチュウ

　古代中国の周代燕にまでさかのぼることができる北京の歴史。燕の国の首都となった薊城という名前は、薊の花が咲き誇っていたことにちなみ、北京の古名を薊城と呼ぶ。白雲観の近くの小高い丘がその跡、薊丘だと言われ、その近くには薊城記念柱が立っている。もともと燕の都は南方の瑠璃河遺跡などに都がおかれていたが、覇者となった斉の桓公が山戎の勢力を落としたため、襄公のとき、この薊城に遷したと考えられる。

Ma Lian Dao
馬連道城市案内

北京西駅の南側を走る馬連道
中国各地のお茶を扱う店がならぶ
お茶の通り茶城として知られている

馬連道／马连道 ★☆☆
mǎ lián dào
まれんどう／マアリィアンダオ

　北京西駅南東に位置し、南北にまっすぐ走る馬連道。ここは茶をあつかう専門店が集まる通りとして知られ、福建省の武夷山岩茶、安渓鉄観音、広東省潮州の鳳凰水仙、浙江省の緑茶竜井、雲南省の普洱茶（プーアル茶）、安徽省の祁門紅茶（キーメン紅茶）、北方で好まれる花茶（ジャスミン茶）などさまざまな中国茶が売られている。

中国茶とは

　茶は緑茶、紅茶、烏龍茶の3つに大きくわけられるが、それらはすべて中国の特産品で、そこから世界に広がった。これらのお茶はもともと同じ茶樹から採られているが、葉の発酵状態で「発酵させない緑茶（茶を摘んだ後に加熱することで酵素を殺し、発酵をおさえる）」「半分発酵させる烏龍茶」「完全に発酵させる紅茶」にわけられる。中国ではさらに製茶法や発酵度、タンニンの量、また地域によって細かく分類され、実に多種多様のお茶が飲まれている。

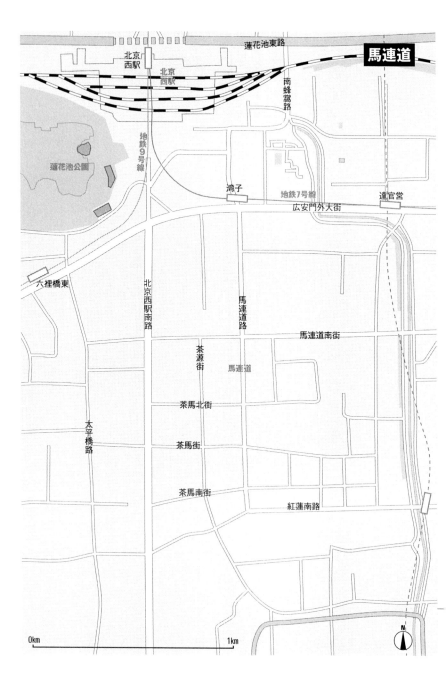

北京西駅／北京西站 ★☆☆
běi jīng xī zhàn
べきんにしえき／ベイジンシイチャン

　北京市街西部の交通ターミナルで、複数の地下鉄が乗り入れ、高铁の発着地点となっている北京西駅。巨大な城門（なかが空洞の門の字型建築）に楼閣が載る堂々とした姿をしている。1996年に開業した。

★☆☆
馬連道／马连道 mǎ lián dào マアリィアンダオ
北京西駅／北京西站 běi jīng xī zhàn ベイジンシイチャン

中国の作法でお茶をいただく

馬連道にて、茶の種類は豊富

Shukyo Kara Miru
宗教から見る北京

旧宣武区には由緒ある道観や
仏教寺院、モスクが見られる
人々の信仰を受けたそれぞれの宗教

ふたつの道教 (白雲観)

　道教は中国の民族宗教とも言える存在で、もともと民間信仰だったが、儒教、仏教の影響を受けながら教団や思想体系をつくっていった。そのため中国人の祖先崇拝、不老長生の思想をもとに、老子を神格化した太上老君などさまざまな郷土神をもつ。とくに明清時代になると医者の華佗、三国志の関羽、海の守り神である媽祖など実在の人物が信仰対象となり、時代によって神格も変わった。現在、道教には全真教と正一教のふたつの大きな宗派があり、五斗米道の流れをくむ正一教は、5世紀に天師道として成立した伝統的な道教で、東岳廟(朝陽門近く)を拠点とする。一方の全真教は金代、華北を中心に広がった改革的、自己修養的な道教で白雲観(旧宣武区)を総本山とする。

中国のイスラム教 (牛街)

　中国にイスラム教が伝えられたのは7世紀の唐代とされ、製紙技術、羅針盤などはイスラム教徒の手をかいして中国から西欧へ伝わっている。13世紀、モンゴル族の元が成立すると中国人を支配するために、ペルシャやアラ

ブ出身のイスラム教徒が色目人として重用され、中国各地に派遣された。明清時代になると、これらのイスラム教徒は漢族と混血し、「回回（イスラム教徒）は天下にあまねし」とたとえられた。清朝時代に東トルキスタンが中国の版図に入ると、回族と同じくイスラム教を信仰するウイグル人も北京に見られるようになったが、民族としては区別されている（回族は古い時代から中国に来たペルシャやアラブ人を祖先にもつ）。また長いあいだ回教と呼ばれたイスラム教は、現在、イスラムという音により近い伊斯蘭教と呼ばれる。

キリスト教 （南堂）

中国へのキリスト教の伝来ははっきりとしないが、唐代にはネストリウス派キリスト教（景教）の信者がいたことがわかっている。中国でキリスト教の布教が本格的にはじまるのは、大航海時代の16世紀（中国は明）になってからのことで、イエズス会がマカオを拠点にキリスト教の布教を試みた。しかし、古い伝統を重んじ、自国の文化に強い誇りをもつ国民性などから中国での信者獲得は容易ではなかった。イエズス会は中国での布教のため、天とゼウスを同一視するなど中国人の習慣を尊重していたが、この布教方法に対して、ローマ教皇クレメンス11世は孔子や祖先の祭祀をしてはならないと決定した。これを受けて清朝の康熙帝は激怒し、1704年、特定の宣教師以外をマカオに追放した。以後、カトリックの布教は禁じられ、中国でキリスト教が広まるのは19世紀のアヘン戦争以後のことになる。

白雲観で見た道士、儒教、仏教とならぶ中国三大宗教

「羊のしゃぶしゃぶ」涮羊肉はもともと回族の料理

道教寺院の白雲観近くでは線香売りを見かけた

遠方から天寧寺塔をながめる

参考文献

『北京繁昌記』(中野江漢/東方書店)
『道教史』(窪徳忠/山川出版社)
『長春真人西遊記』(李志常/筑摩書房)
『岩波イスラーム事典』(大塚和夫/岩波書店)
『中国回教史序説』(今永清二/弘文堂)
『中国とキリスト教』(矢沢利彦/近藤出版社)
『北京の史蹟』(繭山康彦/平凡社)
『中国の歴史散歩1』(山口修/山川出版社)
『北京市宣武区志』(北京市宣武区地方志編纂委員会/北京出版社)
『世界大百科事典』(平凡社)
北京観光の公式サイト・北京旅行網http://japan.visitbeijing.com.cn/
[PDF]北京空港案内http://machigotopub.com/pdf/beijingairport.pdf
[PDF]北京地下鉄路線図http://machigotopub.com/pdf/beijingmetro.pdf

まちごとパブリッシングの旅行ガイド
Machigoto INDIA , Machigoto ASIA , Machigoto CHINA

北インド-まちごとインド

- 001 はじめての北インド
- 002 はじめてのデリー
- 003 オールド・デリー
- 004 ニュー・デリー
- 005 南デリー
- 012 アーグラ
- 013 ファテープル・シークリー
- 014 バラナシ
- 015 サールナート
- 022 カージュラホ
- 032 アムリトサル

- 007 ビカネール
- 008 シェカワティ
- 011 はじめてのマハラシュトラ
- 012 ムンバイ
- 013 プネー
- 014 アウランガバード
- 015 エローラ
- 016 アジャンタ
- 021 はじめてのグジャラート
- 022 アーメダバード
- 023 ヴァドダラー（チャンパネール）
- 024 ブジ（カッチ地方）

西インド-まちごとインド

- 001 はじめてのラジャスタン
- 002 ジャイプル
- 003 ジョードプル
- 004 ジャイサルメール
- 005 ウダイプル
- 006 アジメール（プシュカル）

東インド-まちごとインド

- 002 コルカタ
- 012 ブッダガヤ

南インド-まちごとインド

001 はじめてのタミルナードゥ
002 チェンナイ
003 カーンチプラム
004 マハーバリプラム
005 タンジャヴール
006 クンバコナムとカーヴェリー・デルタ
007 ティルチラパッリ
008 マドゥライ
009 ラーメシュワラム
010 カニャークマリ
021 はじめてのケーララ
022 ティルヴァナンタプラム
023 バックウォーター(コッラム〜アラップーザ)
024 コーチ(コーチン)
025 トリシュール

バングラデシュ-まちごとアジア

001 はじめてのバングラデシュ
002 ダッカ
003 バゲルハット(クルナ)
004 シュンドルボン
005 ブティア
006 モハスタン(ボグラ)
007 パハルプール

パキスタン-まちごとアジア

002 フンザ
003 ギルギット(KKH)
004 ラホール
005 ハラッパ
006 ムルタン

ネパール-まちごとアジア

001 はじめてのカトマンズ
002 カトマンズ
003 スワヤンブナート
004 パタン
005 バクタプル
006 ポカラ
007 ルンビニ
008 チトワン国立公園

イラン-まちごとアジア

001 はじめてのイラン
002 テヘラン
003 イスファハン
004 シーラーズ
005 ペルセポリス
006 パサルガダエ(ナグシェ・ロスタム)
007 ヤズド
008 チョガ・ザンビル(アフヴァーズ)
009 タブリーズ
010 アルダビール

北京-まちごとチャイナ

001　はじめての北京
002　故宮（天安門広場）
003　胡同と旧皇城
004　天壇と旧崇文区
005　瑠璃廠と旧宣武区
006　王府井と市街東部
007　北京動物園と市街西部
008　頤和園と西山
009　盧溝橋と周口店
010　万里の長城と明十三陵

天津-まちごとチャイナ

001　はじめての天津
002　天津市街
003　浜海新区と市街南部
004　薊県と清東陵

上海-まちごとチャイナ

001　はじめての上海
002　浦東新区
003　外灘と南京東路
004　淮海路と市街西部
005　虹口と市街北部
006　上海郊外（龍華・七宝・松江・嘉定）
007　水郷地帯（朱家角・周荘・同里・甪直）

河北省-まちごとチャイナ

001　はじめての河北省
002　石家荘
003　秦皇島
004　承徳
005　張家口
006　保定
007　邯鄲

江蘇省-まちごとチャイナ

001　はじめての江蘇省
002　はじめての蘇州
003　蘇州旧城
004　蘇州郊外と開発区
005　無錫
006　揚州
007　鎮江
008　はじめての南京
009　南京旧城
010　南京紫金山と下関
011　雨花台と南京郊外・開発区
012　徐州

浙江省-まちごとチャイナ

001　はじめての浙江省
002　はじめての杭州
003　西湖と山林杭州
004　杭州旧城と開発区

005　紹興
006　はじめての寧波
007　寧波旧城
008　寧波郊外と開発区
009　普陀山
010　天台山
011　温州

福建省-まちごとチャイナ

001　はじめての福建省
002　はじめての福州
003　福州旧城
004　福州郊外と開発区
005　武夷山
006　泉州
007　厦門
008　客家土楼

広東省-まちごとチャイナ

001　はじめての広東省
002　はじめての広州
003　広州古城
004　天河と広州郊外
005　深圳 (深セン)
006　東莞
007　開平 (江門)
008　韶関
009　はじめての潮汕
010　潮州
011　汕頭

遼寧省-まちごとチャイナ

001　はじめての遼寧省
002　はじめての大連
003　大連市街
004　旅順
005　金州新区
006　はじめての瀋陽
007　瀋陽故宮と旧市街
008　瀋陽駅と市街地
009　北陵と瀋陽郊外
010　撫順

重慶-まちごとチャイナ

001　はじめての重慶
002　重慶市街
003　三峡下り (重慶～宜昌)
004　大足
005　重慶郊外と開発区

四川省-まちごとチャイナ

001　はじめての四川省

- 002 はじめての成都
- 003 成都旧城
- 004 成都周縁部
- 005 青城山と都江堰
- 006 楽山
- 007 峨眉山
- 008 九寨溝

香港-まちごとチャイナ

- 001 はじめての香港
- 002 中環と香港島北岸
- 003 上環と香港島南岸
- 004 尖沙咀と九龍市街
- 005 九龍城と九龍郊外
- 006 新界
- 007 ランタオ島と島嶼部

マカオ-まちごとチャイナ

- 001 はじめてのマカオ
- 002 セナド広場とマカオ中心部
- 003 媽閣廟とマカオ半島南部
- 004 東望洋山とマカオ半島北部
- 005 新口岸とタイパ・コロアン

Juo-Mujin（電子書籍のみ）

- Juo-Mujin香港縦横無尽
- Juo-Mujin北京縦横無尽
- Juo-Mujin上海縦横無尽
- Juo-Mujin台北縦横無尽
- 見せよう! 上海で中国語
- 見せよう! 蘇州で中国語
- 見せよう! 杭州で中国語
- 見せよう! デリーでヒンディー語
- 見せよう! タージマハルでヒンディー語
- 見せよう! 砂漠のラジャスタンでヒンディー語

自力旅游中国Tabisuru CHINA

- 001 バスに揺られて「自力で長城」
- 002 バスに揺られて「自力で石家荘」
- 003 バスに揺られて「自力で承徳」
- 004 船に揺られて「自力で普陀山」
- 005 バスに揺られて「自力で天台山」
- 006 バスに揺られて「自力で秦皇島」
- 007 バスに揺られて「自力で張家口」
- 008 バスに揺られて「自力で邯鄲」
- 009 バスに揺られて「自力で保定」
- 010 バスに揺られて「自力で清東陵」
- 011 バスに揺られて「自力で潮州」
- 012 バスに揺られて「自力で汕頭」
- 013 バスに揺られて「自力で温州」
- 014 バスに揺られて「自力で福州」
- 015 メトロに揺られて「自力で深圳」

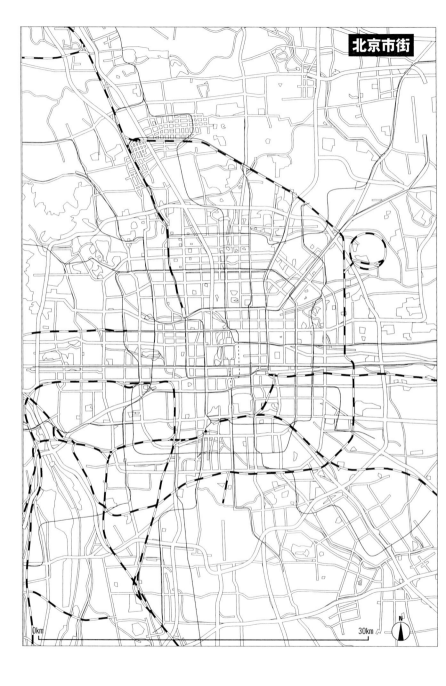

北京市街

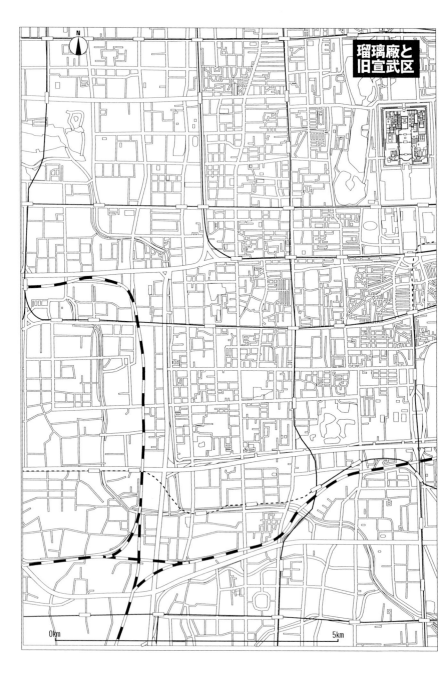

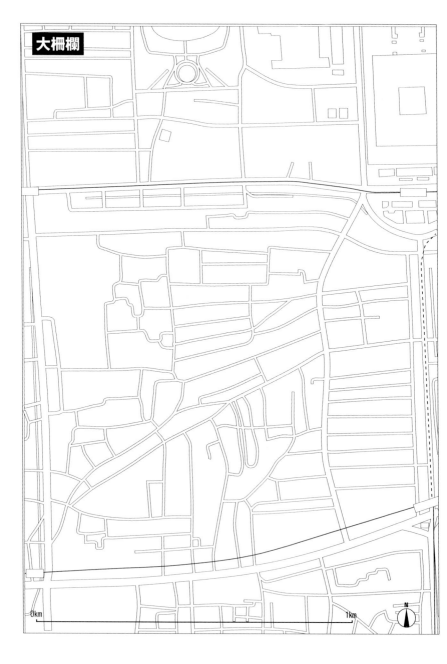

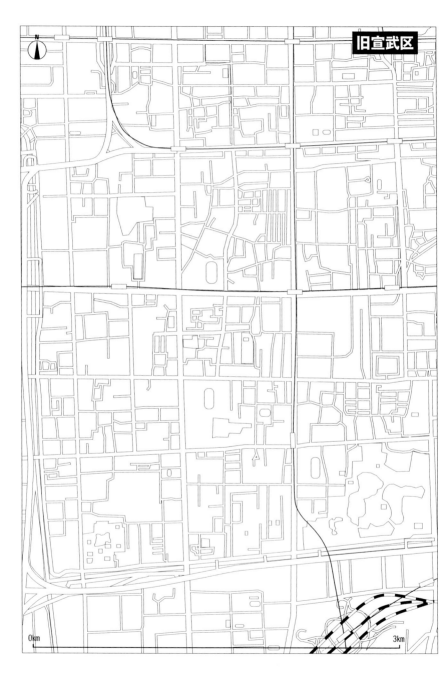

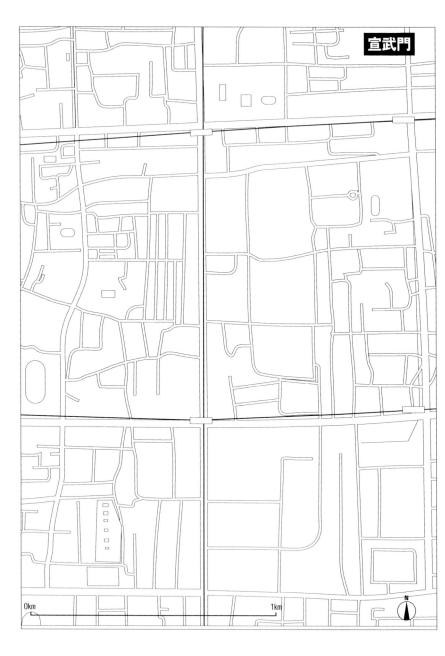
宣武門

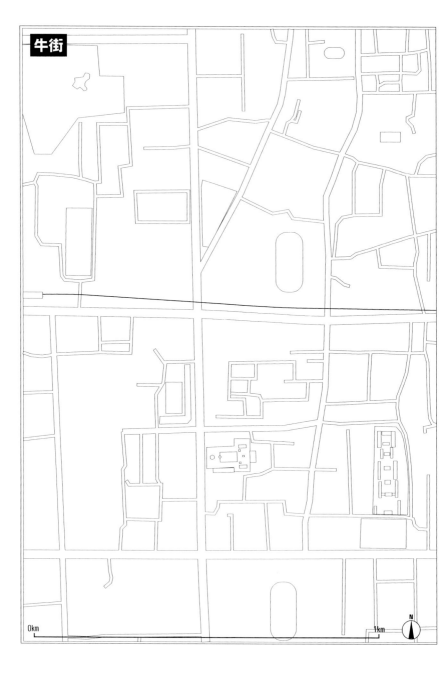

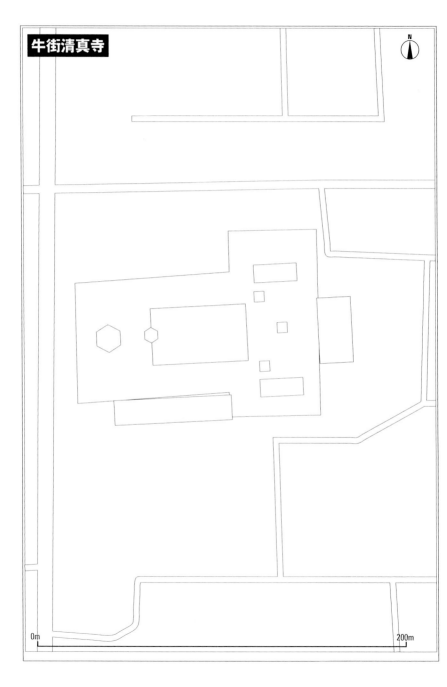

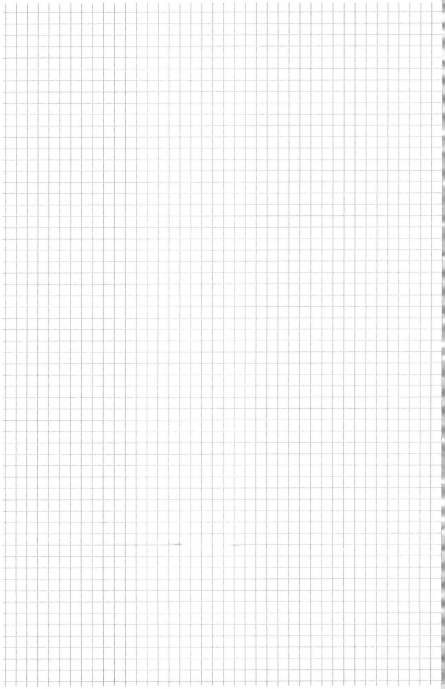

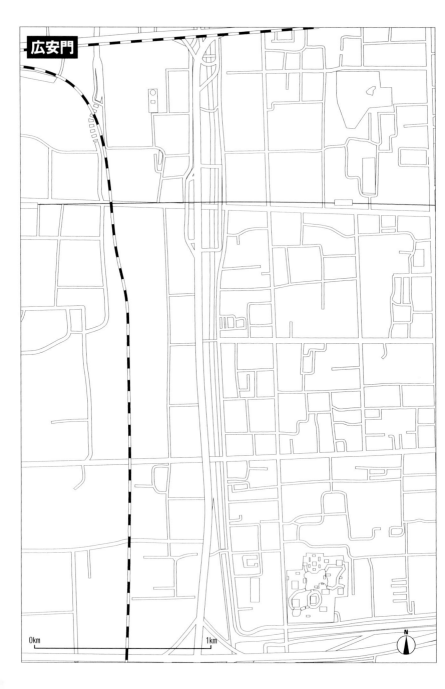

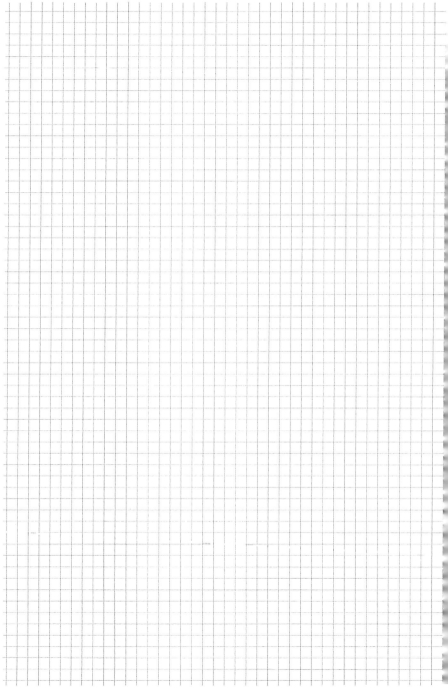

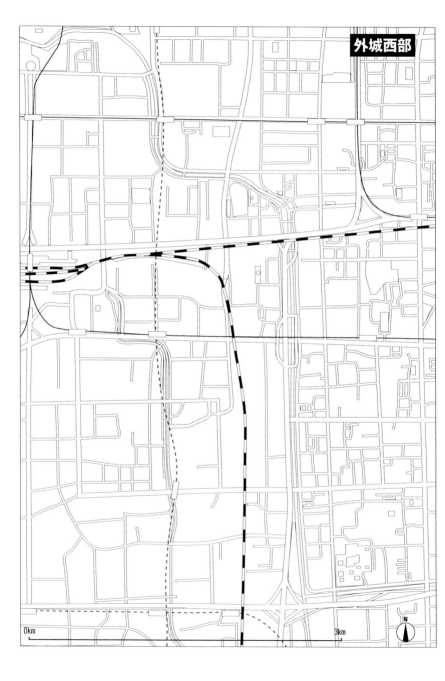

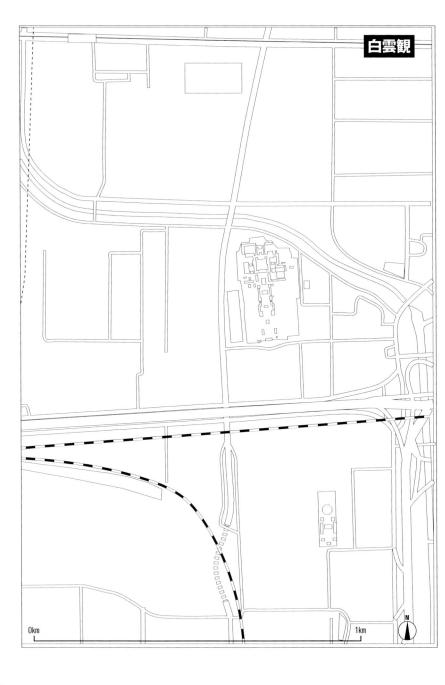

【車輪はつばさ】
南インドのアイラヴァテシュワラ寺院には
建築本体に車輪がついていて
寺院に乗った神さまが
人びとの想いを運ぶと言います

An amazing stone wheel of the Airavatesvara Temple
in the town of Darasuram, near Kumbakonam in the South India

まちごとチャイナ
北京 005

瑠璃廠と旧宣武区
「庶民たち」と北京千年
［モノクロノートブック版］

「アジア城市（まち）案内」制作委員会
まちごとパブリッシング
http://machigotopub.com

- 本書はオンデマンド印刷で作成されています。
- 本書の内容に関するご意見、お問い合わせは、発行元の
 まちごとパブリッシング info@machigotopub.com までお願いします。

まちごとチャイナ
新版 北京005瑠璃廠と旧宣武区
～「庶民たち」と北京千年

2019年 11月12日　発行

著　者	「アジア城市（まち）案内」制作委員会
発行者	赤松　耕次
発行所	まちごとパブリッシング株式会社
	〒181-0013　東京都三鷹市下連雀4-4-36
	URL http://www.machigotopub.com/
発売元	株式会社デジタルパブリッシングサービス
	〒162-0812　東京都新宿区西五軒町11-13
	清水ビル3F
印刷・製本	株式会社デジタルパブリッシングサービス
	URL http://www.d-pub.co.jp/

MP220

ISBN978-4-86143-368-9 C0326　　　　Printed in Japan
本書の無断複製複写（コピー）は、著作権法上での例外を除き、禁じられています。